Para Juan Carlos Hernández Robleda.

loqueleo

EL GATO DE LAS MIL NARICES
© De esta edición:
2018, Santillana USA Publishing Company, Inc.
2023 NW 84th Avenue
Doral, FL 33122, USA
www.santillanausa.com

© Del texto: 1990, Margarita Robleda

Dirección editorial: Isabel C. Mendoza
Cuidado de la edición: Ana I. Antón
Montaje: Claudia Baca
Ilustraciones: Eulalia Cornejo

Loqueleo es un sello de **Santillana.** Estas son sus sedes:
ARGENTINA, BOLIVIA, BRASIL, CHILE, COLOMBIA, COSTA RICA, ECUADOR, EL
SALVADOR, ESPAÑA, ESTADOS UNIDOS, GUATEMALA, MÉXICO, PANAMÁ, PARAGUAY,
PERÚ, PORTUGAL, PUERTO RICO, REPÚBLICA DOMINICANA, URUGUAY Y VENEZUELA.

ISBN: 9781682921265

Published in the United States of America
Printed in the United States of America by Bellak Color, Corp.
20 19 18   1 2 3 4 5 6 7 8 9 10

El gato de las mil narices

Margarita Robleda

Ilustraciones de Eulalia Cornejo

loqueleo

Este era un gato con nariz
de trapo y ojos al revés…

¿Quieres que te lo cuente
otra vez?

¿Gato con nariz de trapo?
¿Gato con ojos al revés?

Cuentos que comienzan
una y otra vez.

Pero este gato
con nariz de plato...

¡Ay! ¡Me equivoqué!

Este gato con nariz de helado...

¡Comienzo de nuevo!

Este gato con nariz de pato...

¡Otra vez!

Este gato con nariz de pavo…

¡Ay!

Nariz de sapo…

¡Mamá!

Nariz de taco…

¡Auxilio!

Este gato con nariz de trapo...
y ojos al revés...

¡Al fin!

Vive en el país de los sueños,
en una nube azul y blanca…

donde puede tener todas
las narices que él quiera.

Aquí acaba este libro

escrito, ilustrado, diseñado, editado, impreso
por personas que aman los libros.
Aquí acaba este libro que tú has leído,

el libro que ya eres.